太好玩了！超有趣的小古文

东寻 ◎ 著

孟子　王羲之

石油工业出版社

图书在版编目（CIP）数据

太好玩了！超有趣的小古文/东寻著.—北京：石油工业出版社，2022.12
（太好玩了！漫画中国文学）
ISBN 978-7-5183-5676-8

Ⅰ.①太… Ⅱ.①东… Ⅲ.①文言文-儿童读物 Ⅳ.①H109.2-49

中国版本图书馆CIP数据核字（2022）第186483号

太好玩了！超有趣的小古文
东寻 著

出版发行：石油工业出版社
　　　　　（北京市朝阳区安华里二区1号楼　100011）
网　　　址：www.petropub.com
编 辑 部：（010）64523689
图书营销中心：（010）64523731　64523633
经　　　销：全国新华书店
印　　　刷：三河市嘉科万达彩色印刷有限公司

2022年12月第1版　　2022年12月第1次印刷
880毫米×1230毫米　　开本：1/32　　印张：4.875
字数：55千字

定价：39.80元
（如发现印装质量问题，我社图书营销中心负责调换）
版权所有，侵权必究

作者：东寻

幽默风趣，能写会画，
超级勤奋，从不自夸。

水豚君

搞怪小天使，呆萌万人迷，
与人为善第一名。

别担心，
我完全没有被卡住。

小嘿

已经3秒没有发脾气的猫型"暖心宝"，
用最臭的脸做最暖的事。

我的照片好笑吧？
你倒是笑啊，
我正想找个人
磨爪子呢！

目录

总论：小古文简史 *001*

1. 《论语》：师生聊天记录 *007*
2. 《庄子》：小故事大哲理 *012*
3. 《孟子》：辩论高手的散文集 *017*
4. 《荀子》：批判大师"唱反调" *022*
5. 《曹刿论战》：击鼓也是战术 *026*
6. 《邹忌讽齐王纳谏》：来自帅哥的反思 *031*
7. 《史记》：从黄帝时代到大汉王朝 *036*

专题1 赋：诗与散文的超级混合形态 *042*

8. 《出师表》：为蜀汉操碎了心 *047*
9. 《兰亭集序》：一个有名的派对记录 *052*

10 《桃花源记》：一则古代"穿越"故事 …… *057*

11 《水经注·三峡》：来一次漂流挑战 …… *063*

12 《陈情表》：怎样高情商地拒绝皇帝 …… *067*

专题 2　骈文与古文运动 …… *072*

13 《马说》：天下无马？招聘伯乐！ …… *078*

14 《黔之驴》：猛虎怕驴 …… *083*

15 《醉翁亭记》：文坛领袖快乐的秘密 …… *088*

16 《伤仲永》：神童也"失灵" …… *093*

17 《前赤壁赋》：从诗词歌赋谈到人生哲学 …… *098*

18 《六国论》：六国灭亡报告 …… *104*

19 《送东阳马生序》：文豪苦学记 …… *109*

20 《湖心亭看雪》：看的不是雪，是孤独 …… *114*

21 《口技》：一场精彩的口技表演 …… *118*

专题 3　中国小说超简史 …… *124*

快乐读小古文 …… *133*

总论 小古文简史

今天先来做一个实验。

实验材料：甲骨文和金文写的话各一段。

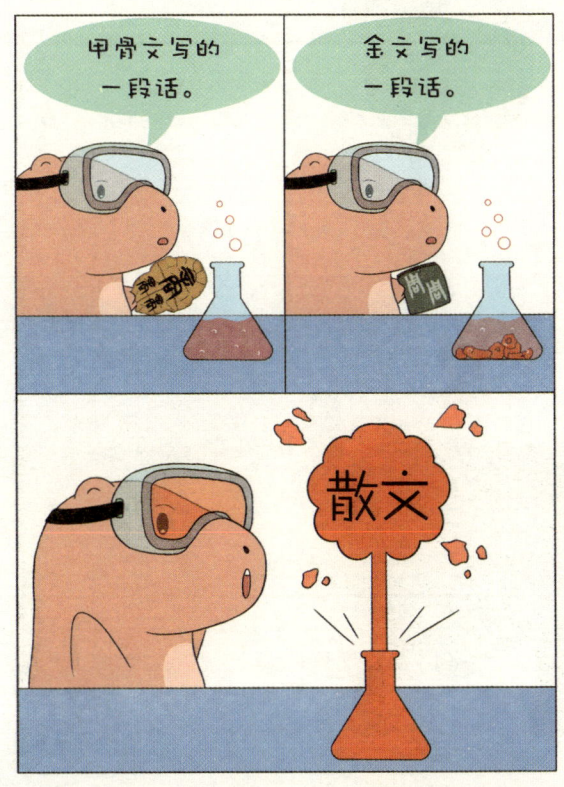

这个神奇的实验你看懂了吗？马上为你带来实验说明！

古代刻在龟甲或兽骨上的文字叫作"甲骨文"。

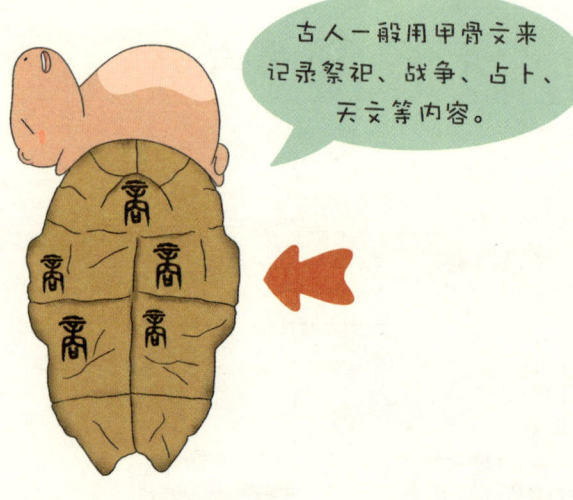

古人一般用甲骨文来记录祭祀、战争、占卜、天文等内容。

铸刻在青铜器上的彝(yí)器铭文,叫作"金文"或"钟鼎文"。

铭文常用于记录国家历史、君王事迹等。

殷商和西周时期的甲骨文、铭文所记录的内容,虽然篇幅较短,但有重要的记事作用,它们成了一种全新文体的萌

芽,那就是散文!

早在先秦时期,散文就产生了两个分支。

一类散文是"历史散文",以记录历史为主。

代表作《尚书》《春秋》分别开创了记言、记事两种体例。此外,还有《左传》《国语》等代表作。

另一类散文是"诸子散文",记录儒家、道家等众多学派的思想,代表作为《论语》《孟子》《庄子》等。

秦汉时期，散文家族继续壮大。

老哥"政论散文"，理智而务实。

小妹"抒情散文"，重情又重理。

政论散文　　　　　抒情散文

到了魏晋南北朝，散文变得更加讲究，不但注重工整、押韵，还追求华丽、典雅。

这种讲究格律的文体叫作"骈文"。

讲究

由于骈文过分讲究艺术技巧，渐渐变得浮华、生硬。

唐宋文坛对骈文有很大的意见，于是掀起"古文运动"，主张恢复先秦两汉时质朴、灵活的散文特色。

到了明清时期，散文继续发扬光大，比如短小灵活的"小品文"、讲究"义法"的桐城派散文等。

好啦，古代散文的历史至此就先告一段落了……

《三字经》《百家姓》《千字文》等属于"蒙学"课本，是古代就有的儿童启蒙读物。

它们用简单、生动的句子来介绍天文、地理、历史、道德等知识，能够对小朋友起到教育作用。

《论语》：师生聊天记录

孔子，名丘，字仲尼，春秋时鲁国陬邑（zōu yì，今山东曲阜）人。

孔子有哪些成就呢？一口气说不完，来，"弹幕"走一波。

孔子出身于没落的贵族家庭,由于他勤奋好学,青年时就有了一定名气,有人拜他为师。

多年后,孔子在鲁国做官,但不久便辞职了。为了实现自己的政治理想,他领着弟子们踏上了周游列国的旅程。

可惜孔子"仁德"的政治主张没有受到列国君王的重视,孔子便将精力集中在整理文献和教书育人上。

孔子整理修订了《春秋》《诗经》等典籍，并没有把自己的思想写成专著，他的弟子们写了一本书来记载孔子及其弟子的言行，这本书就是《论语》。

《论语》是语录体散文，书中的师生对话充满了轻松的生活气息，同时又饱含深刻的哲理。

其中有谈学习方法的，如"学而不思则罔，思而不学则殆"。

> 只学习不思考，属于白费功夫；只思考却不学习，属于胡思乱想，越想越糊涂。

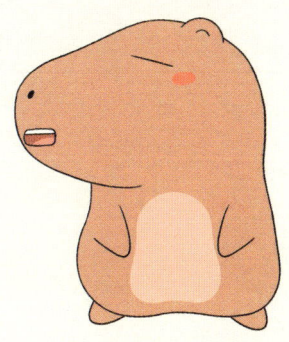

还有教做人的,如"见贤思齐焉,见不贤而内自省也"。

见到有贤德的人要向他学习,看见无贤无德的人要对照着自我反省。

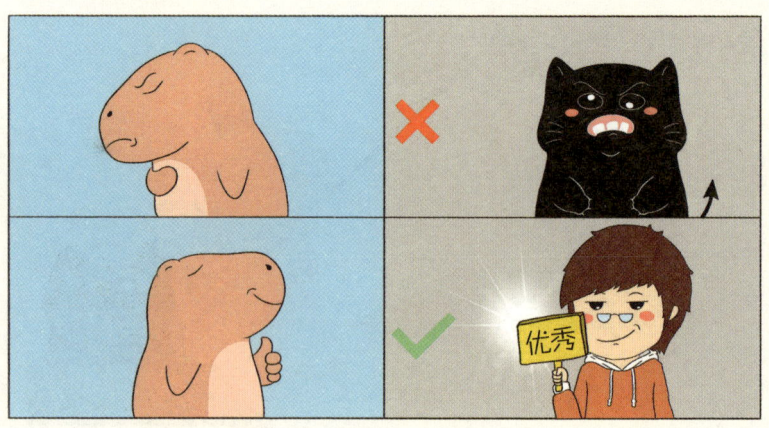

儒家"仁"的思想也贯穿在《论语》中:"士不可以不弘毅,任重而道远。仁以为己任,不亦重乎?"

读书人不能没有宽广的胸怀和刚强的毅力,因为他们任重道远。把实现"仁"作为自己的责任,这个使命难道不重大吗?

总之,《论语》作为儒家的经典著作,包含大量与治学、修身、政治等相关的人生智慧。

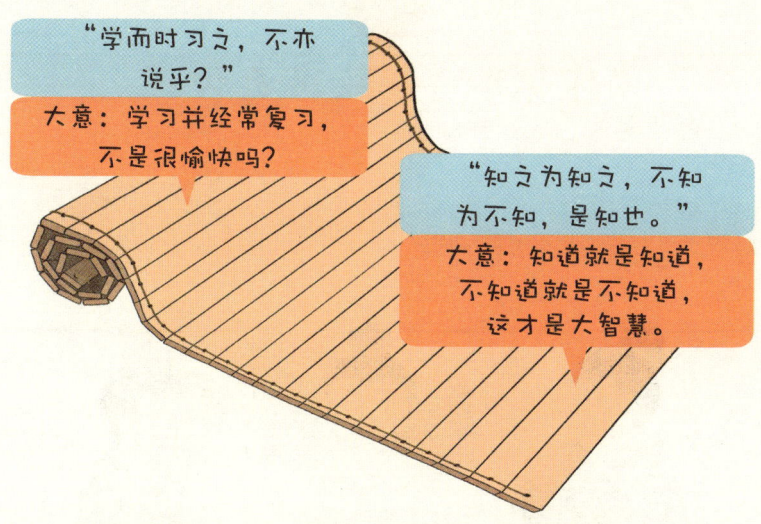

孔子的思想对中华文明乃至世界文明都做出了重要贡献,联合国教科文组织将他列为"世界十大文化名人"之一,而研究孔子思想最直接的资料就是《论语》。

《庄子》：小故事大哲理

春秋战国时，许多学者著书立说、建立学派，对政治、经济、文化等展开激烈探讨，形成了百家争鸣的盛况。

道家就是其中一个学派，创始人是"老子"。

庄子也是道家的代表人物，他与老子并称"老庄"。

庄子

庄子生活在诸侯纷争、社会动荡的时代，因此，他对名利看得很淡，甚至是厌恶。

《史记》记载，楚威王曾花重金聘请庄子出任宰相，庄子却对使者说"子亟去，无污我"，意思是您请回，别玷污我！

庄子还表示，自己宁愿在臭水沟里玩耍，也不想被君王束缚，立志终身不做官。

庄子还有很多充满智慧的言谈，比如庄子曾经和惠子（战国思想家）一起出游……

> 你看水里的鱼，它们好快乐！
>
> 惠子 庄子
>
> "子非鱼，安知鱼之乐？"
>
> 大意：你又不是鱼，你咋知道鱼很快乐？
>
> "子非我，安知我不知鱼之乐？"
>
> 大意：你又不是我，你怎么知道我不懂鱼的快乐？

那么，庄子的精彩言谈在哪里可以看到更多呢？

你需要一部《庄子》，这是庄子及其门人等创作的哲学著作。

大家别听到"哲学"就犯困,《庄子》讲哲学,擅长用寓言故事来阐述道家思想!

比如《庄子》中有这样一个故事,惠子在梁国做宰相时,担心庄子会抢走自己的饭碗,庄子就去跟惠子讲了个故事。

庄子说南方有一种神鸟叫鹓鶵(yuān chú),"非梧桐不止,非练实不食,非醴(lǐ)泉不饮"。

猫头鹰捡到一只腐鼠，它看到鹓鶵飞过，以为鹓鶵要抢腐鼠，便大"吓"（hè）一声。

讲完故事，庄子问惠子，如今你也要"吓"我一声吗？

庄子把自己比作高洁的鹓鶵，把名利比作腐鼠，意在表明自己对名利不屑一顾，不会跟猫头鹰，也就是惠子争名夺利。

《孟子》：辩论高手的散文集

孔子之后，儒家学派的代表就是孟子！

关于孟子，有这样一个故事。

话说孟子年幼丧父，其母独自抚养他，孟母是个非常重视子女教育的人。小时候他们家在墓地附近，孟子经常模仿人家送葬、哭泣，孟母觉得这个环境对小孩子不好，就搬家了。

第二次搬到了集市旁,孟子又模仿周边的商人做买卖。孟母非常担心,便决定再次搬迁。最终,孟母又搬家到学堂旁边,让他接受学习氛围的熏陶。孟子变得守秩序、懂礼貌、喜欢学习。

这就是"孟母三迁"的故事。

除了受到母亲的良好教育,孟子还拜孔子的孙子的门人为师,学有所成后,他和孔子一样周游列国,推行自己的政治主张,可惜孟子也没有受到列国君王的重用。

孟子继承了孔子"仁政"的思想,而后独创了一些观点,比如人生来就有善良之心(性善论),百姓比君王重要(民本论)。

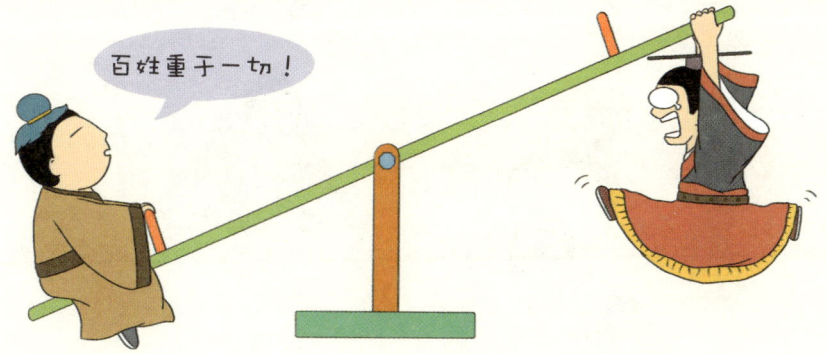

孟子和弟子们共同编写了《孟子》,书中记录了他大量精彩的观点,如"生于忧患,死于安乐"。

孟子还是辩论高手,针对"生于忧患,死于安乐"的观点,他先列举历史上吃过苦的名人,比如春秋时的政治家百里奚做过奴隶,秦国国君秦穆公用五张公羊皮把他赎了出来。

列举完事实,孟子就开始说理了。

"故天将降大任于是人也,必先苦其心志,劳其筋骨……"

上天要降重任给某人时,一定会让他的心志接受痛苦的磨炼,再用劳累的工作锻炼他的筋骨……

最后,孟子将所有事实和说理凝结成文章的核心观点,即"生于忧患,死于安乐"。

孟子的论述有理有据,且善于层层推进,对后世的散文作家们有很深远的影响!

《孟子》一书在宋代与《论语》等合称"四书",属于当时科举必考书,部分内容直到现在也依然是考点!

四叔啊,这我知道,是大叔、二叔、三叔……

大家请无视它,"四书"是《论语》《孟子》《大学》和《中庸》。

《荀子》：批判大师"唱反调"

孟子认为人性天生善良，荀子一听，立马拍桌子反对！

这位"唱反调"的荀子是谁？他是战国后期思想家、教育家，儒家学派代表人物之一，曾在齐国讲学，还做过李斯的老师。

李斯，秦朝政治家、文学家，官至左丞相，为秦始皇统一六国做出重要贡献。

荀子不认可"性善论",他认为人性天生是"恶"的,由于教育、环境等因素的影响,才形成了一定的道德观念。

同为儒家大师,荀子为什么要针对孟子呢?

大家别误会,荀子不只是针对孟子,他对各个学派都有所不满!他曾写过一篇《非十二子》,一口气批判了十二位学者!

《非十二子》出自荀子编写的《荀子》一书，这是一部说理严谨的著作，内容涉及哲学、政治、治学等。

　　《荀子》的特色是擅长辩论，比如书中《劝学》一文，第一句话直接甩出观点"学不可以已"，即学无止境！

　　接下来，荀子用大量富有气势的排比来说理："青，取之于蓝，而青于蓝；冰，水为之，而寒于水。"

靛青（一种颜料）从蓝草中取得，却比蓝草颜色深；
冰是水凝结成的，却比水更冷。

荀子还善用比喻，如"骐骥（qí jì）一跃，不能十步；驽马十驾，功在不舍"。

骏马跳跃一次，也不能有十步那么远；但劣马拉车走十天也能走得很远，它的成绩来源于走个不停。

荀子这一套排比和比喻用下来，条理清晰，气势雄浑，陈述了学习的重要性。如果你想在辩论上胜过荀子，那可得好好练练了！

《曹刿论战》：击鼓也是战术

鲁庄公十年的春天，齐国发兵攻打鲁国。

战前，一个叫曹刿（guì）的人要去拜见鲁庄公，曹刿的老乡劝他说："国家大事让位高权重的人处理，你就别掺合啦！"曹刿是怎么回答的呢？

"肉食者鄙，未能远谋。"

大意：那些享受着好酒好肉的老爷们目光短浅，根本想不出什么妙计！

别去啦！

曹刿

后来曹刿见到了鲁庄公,便问鲁庄公靠什么去作战。

鲁庄公又说自己虽然不能一一查清所有案件,但会处理得合情合理。

曹刿听了很满意,觉得鲁庄公确实赢得了民心,可以跟齐国军队一战了,并且希望鲁庄公出征时带上他。

到了决战时刻,鲁庄公下令击鼓进军,曹刿却说"不可以",直到对面的齐军敲了三遍鼓,曹刿才说"可以击鼓"。

战鼓敲响后,鲁国军队英勇冲锋,打得齐国军队节节败退!

鲁庄公想乘胜追击,曹刿又说"不可以"。曹刿向下察看车轮碾出的痕迹,又登上车前的横木眺望齐国军队,才让鲁庄公下令追击敌军。最终,鲁国军队大获全胜!

曹刿究竟用了什么奇谋妙计让鲁国军队获胜呢?

胜利后,曹刿向鲁庄公解释道:"夫战,勇气也。一鼓作气,再而衰,三而竭。彼竭我盈,故克之。"

"夫大国,难测也,惧有伏焉。吾视其辙乱,望其旗靡(mǐ),故逐之。"

"曹刿论战"的故事来自史书《左传》，故事以君臣二人的对话为主，对战场描写不多，却巧妙地向我们呈现了一场靠智慧取胜的精彩战役！

这里简单介绍一下《左传》，这部书主要记载春秋时的历史，它的一大特色是将历史故事化，文笔生动，叙事巧妙，史学和文学价值极高，后世的戏剧小说都纷纷向它取材呢！

那《左传》的作者是谁呢？《史记》记载的是春秋时的左丘明。

6

《邹忌讽齐王纳谏》：
来自帅哥的反思

战国时，齐国有个大帅哥叫邹忌。一天，他对着镜子问起了话。

抱歉，拿错剧本了！实际情况是邹忌边照镜子边问妻子，他和齐国著名的美男子徐公相比，谁更帅？

妻子毫不犹豫地说："你最帅，徐公哪儿比得上你！"

邹忌又问了小妾和客人,大家都说邹忌比徐公帅。

第二天徐公来邹忌家做客,邹忌一看,徐公比自己帅多了!

这引发了邹忌的反思,为什么大家都对他说假话呢?

思考一番后,邹忌认为:妻子说他帅,是因为妻子爱他;小妾说他帅,是因为怕他;客人说他帅,是有求于他。

于是,邹忌上朝拜见齐威王,讲述了比美的事,同时提醒齐威王,妃子们爱他,官员们怕他,而百姓有求于他,在这种情况下,谁会对他说真话呢?

齐威王认为邹忌的话很有道理,便下了命令:"群臣吏民能面刺寡人之过者,受上赏;上书谏寡人者,受中赏;能谤讥于市朝,闻寡人之耳者,受下赏。"

百官和百姓如果能够当面指出我的过错,得上等奖赏;写奏章向我提意见的,得中等奖赏;在公共场所对我提意见和建议的,得下等奖赏!

齐威王下达命令后，皇宫门前挤满了提意见的人，但一段时间后，大家就没什么话要说了。齐威王的政策让齐国越来越强大，周边的燕、赵等国纷纷派使者前来朝见。

以上就是《邹忌讽齐王纳谏》的故事，出自史书《战国策》，这部书主要记载战国时的历史，是西汉时的刘向将前人的资料进行整理，最终编订成的。

《战国策》主要记载谋臣、游士等人的谋略、思想，以及各国的外交、战争等。

《战国策》是史书，也是精彩的故事书，它很擅长塑造人物，比如在《邹忌讽齐王纳谏》中，塑造了邹忌和齐威王两个形象鲜明的主人公。

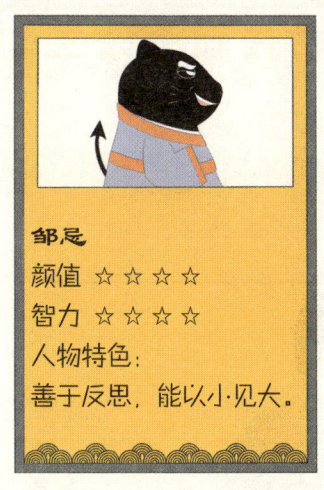

邹忌
颜值 ☆☆☆☆
智力 ☆☆☆☆
人物特色：
善于反思，能以小见大。

齐威王
胸怀 ☆☆☆☆
精明 ☆☆☆☆
人物特色：
善于聆听，胸怀宽广。

另外，邹忌通过"比美"这件小事，联系到国家大事，这种用寓言故事来讲述哲理的手法，充满了趣味，这也是《战国策》的一大特色。

身为魔镜也要做考题。

魔镜、魔镜，从我比美的故事中你学会了什么道理？

《史记》：从黄帝时代到大汉王朝

此刻是西汉，一位名叫司马谈的史官正抱着他刚出生的孩子，这孩子就是咱们的主角司马迁。

很快司马迁十岁了，小小年纪已经开始学习古文。

青年时，司马迁开始游历大江南北。通过实地走访，考察了大禹治水的地方，他还去过江淮（即江南、淮南地区）、四川、云南等地，为日后编写史书收集了大量资料。

父亲去世后，司马迁继承父亲的遗志，成了太史令。

后来司马迁替投降匈奴的将领李陵辩护，不幸被处以宫刑。

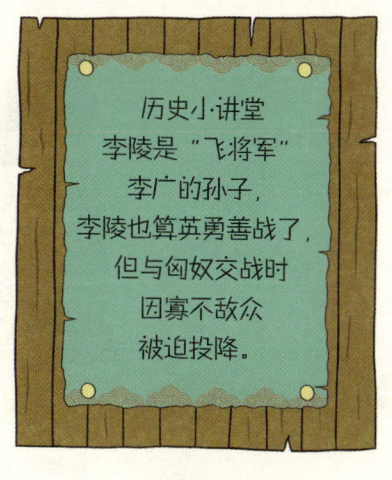

历史小·讲堂
李陵是"飞将军"李广的孙子，李陵也算英勇善战了，但与匈奴交战时因寡不敌众被迫投降。

遭受了宫刑的司马迁悲愤交加，将耻辱化为动力，集中精力写作史书。

史书完成后，司马迁在自序中将其命名为《太史公书》，这部书就是被后人称为《史记》的伟大著作！

《史记》的记载始于传说的黄帝，止于汉武帝，横跨大约三千年，是我国第一部纪传体通史。

《史记》通过人物传记的形式来讲述历史,内容分为五类——本纪、表、书、世家和列传。

本纪	记载帝王事迹。	
表	以表格形式记载历史大事。	
书	记载规章制度、自然法则的形成、实施和历史沿革。	
世家	记载诸侯和重要历史人物的历史。	
列传	记载帝王以外的人物事迹、周边少数民族政权和外国史事。	

《史记》不仅是史学巨著,也是优秀的散文集,书中人物的描写充满了传奇色彩,语言富有节奏,同时吸收了民间俗语和民谣,让文章变得生动又易懂。

《史记》对待历史的公正态度,通俗、灵活的文笔,以及惊心动魄的故事,是后世的史学家、散文家、小说戏剧作家的灵感来源和学习典范!

说到后世史学,经典著作可太多了,随便举两个例子。

西晋陈寿的《三国志》,记载了魏、蜀、吴三国的历史和杰出人物,为后来的《三国演义》提供了创作依据。

北宋司马光的《资治通鉴》,记载了战国到五代末年的历史,全书共二百九十四卷,约三百多万字,无论影响力还是字数,都称得上"巨"著!

专题 1
赋：诗与散文的超级混合形态

古人的诗，一部分是可以配乐演唱的。但有些"诗"骨骼清奇，"不歌而诵谓之赋"（《汉书·艺文志》），它们无法被演唱，被称为"赋"。

到了汉朝，赋受到《楚辞》和先秦散文等的影响，成了一种介于诗和散文之间的新文体，这就是汉赋。

汉赋既拥有诗歌的节奏感，还拥有散文的叙事功能。

西汉文学家司马相如的《上林赋》是一篇经典汉赋。

你听这句"千人唱，万人和，山陵为之震动，川谷为之荡波"，这就是汉赋的语言特色之一。

汉赋用华丽的语言描述帝王贵族的生活,还歌颂了名山大川、豪华宫殿等,但对底层人民的生活反映不多。

汉赋还喜欢用生僻的字词,这让它离普通老百姓又远了一步。

汉赋的缺点在魏晋南北朝得到改善，这一时期出现了"骈赋"，格式更工整，内容也更丰富，离别、悼念等题材纷纷加入，各种飞禽走兽、奇花异草也成为描写对象。

到了唐朝，赋又进化了！

"唐赋"追求实用性，担负起批判社会的重任，代表作之一为唐代文学家杜牧的《阿房宫赋》。

《阿房宫赋》开篇描绘了大秦帝国的阿房宫,这华丽如仙境的宫殿,最终毁于战火,它的焚毁也宣告了大秦的灭亡。

杜牧用一座宫殿的消亡,提醒后人不要让悲剧重演。

除了以上种种,还有应付科举的"律赋"、口语化的"俗赋"等。如果要在各种赋中选一个代表,那还得是汉赋,尽管它有一些不足,但它推动了后世文学的发展!

《出师表》：为蜀汉操碎了心

说起诸葛亮，你会想到哪些故事？

怒斥王朗，气坏周瑜，啊，不对，应该是草船借箭、空城计、三分天下……但这都是《三国演义》中诸葛亮的故事。

那真实的诸葛亮是什么样呢？来看诸葛亮写的《出师表》如何介绍自己。

"臣本布衣，躬耕于南阳，苟全性命于乱世，不求闻达于诸侯。"

诸葛亮说自己原本是一介平民，在南阳过着耕种生活，只求在乱世中保全性命，不求名扬天下。

文章还提到蜀汉皇帝刘备三顾茅庐请诸葛亮出山，刘备临终时，把国家大业托付给了诸葛亮。

为了报答刘备的知遇之恩，诸葛亮为蜀汉呕心沥血，先是平定南方战事，然后为了复兴汉室准备率军北伐！

《出师表》就是诸葛亮在北伐前写下的。

该出发了。

诸葛亮写《出师表》可不是为了自我介绍，而是放心不下刘备的儿子，也就是蜀汉的第二位皇帝——刘禅。

刘禅

《出师表》是写给刘禅的，文章第一段为刘禅大致分析了当时的局势，同时，诸葛亮太了解刘禅了，知道他不够自信，所以特别劝慰他"不宜妄自菲薄"，不要看低自己。

诸葛亮还叮嘱刘禅要赏罚分明，不能有私心，朝中事务以及军事问题应分别向哪些大臣请教，真是细致入微，操碎了心！

然后诸葛亮用历史教训告诫刘禅:"亲贤臣,远小人,此先汉所以兴隆也;亲小人,远贤臣,此后汉所以倾颓也。"

亲近贤良的忠臣,远离小人,这是汉朝兴盛的原因。

亲近小人,疏远忠臣,这是后来汉朝衰败的原因!

《出师表》读下来感人至深,字里行间表达着诸葛亮对后辈的关心和教诲,对蜀汉的忠诚,以及誓死复兴汉室的意志!

诗圣杜甫亦为之感动,他写诗感叹:"出师未捷身先死,长使英雄泪满襟!"(《蜀相》)

诸葛亮出师北伐还没胜利就过世了,后世英雄听到他的事迹,泪水便沾湿了衣襟。

9
《兰亭集序》：一个有名的派对记录

古人有多会玩儿？

古代聚会上有一种玩法，让盛了酒的杯子在水道中漂流，酒杯漂到谁跟前儿谁就取酒来喝，这就是"流觞曲水"。

历史上最著名的流觞曲水，是在东晋时的兰亭集会上，参加聚会的有书法家王羲之和政治家谢安等众多名人。

这些名人在兰亭集会上都做些什么呢?

王羲之为集会写了一篇《兰亭集序》,我们来看看他是怎么说的,不过在这之前,先来了解一下王羲之。

王羲之,曾任右军将军,世称"王右军"。他擅长书法,被世人誉为"书圣",他书写的《兰亭集序》有"天下第一行书"的美称!

《兰亭集序》不仅是杰出的书法作品,还是一篇优秀的散文,它的开篇说明了兰亭"派对"的目的:"修禊(xì)事也。"修禊是一种古代风俗,人们来到水边嬉戏,以消除不祥。

那么兰亭集会的现场环境如何?王羲之在文中说这里有"崇山峻岭""茂林修竹""清流激湍",总之就是高山流水,树丛竹林,美不胜收。

"所以游目骋怀，足以极视听之娱，信可乐也。"

在这优雅的环境中，王羲之一行人远眺美景，开阔胸怀，享受着视听上的快乐！

但快乐是短暂的，王羲之突然感伤起来，陷入了思考。

"向之所欣，俯仰之间，已为陈迹，犹不能不以之兴怀，况修短随化，终期于尽！古人云：'死生亦大矣。'岂不痛哉！"

曾经喜爱的事物转眼就变得陈旧，
怎能不为它感慨？
再说人的寿命长短全凭天意，
总有结束的一天！
古人说"生死事大"，
这多让人悲痛啊！

最后给《兰亭集序》做个总结，这篇散文简洁又不失清新和韵味，比如描写天气是这样的："天朗气清，惠风和畅。"大意是天气清朗，暖风舒畅。

用王羲之的简洁风格播报天气。

全文走向是先喜后悲，探讨了生命这一话题，表达了王羲之对美好事物终将逝去的惋惜和反思。

《桃花源记》：一则古代"穿越"故事

一个小问题，古代有"穿越"故事吗？

当然有，现在就给大家讲一个流传千年的"穿越"故事。

东晋时，武陵（今湖南常德一带）有个渔夫意外来到一片桃花林，这里"芳草鲜美，落英缤纷"，花草鲜艳，美丽的花瓣如雪一般飘落下来。

在桃花林的尽头,渔夫发现了山洞,便一头钻了进去。
"初极狭,才通人。复行数十步,豁然开朗。"

刚进山洞时通道很狭窄,只够一个人通过。继续走了数十步,眼前突然开阔明亮起来!

出现在渔夫眼前的是一个美丽的村庄,这里有整齐的房屋,肥沃的田地,来来往往的男女老少脸上都挂着笑容!

太好玩了!

村民们发现了意外闯入的渔夫,便邀请他到家中,用肥鸡和美酒来招待他。

这些村民是哪儿来的呢?

"自云先世避秦时乱,率妻子邑(yì)人来此绝境,不复出焉,遂与外人间隔。"

村民们自称先祖为了躲避秦时战乱,领着妻子儿女来这儿居住,从此再没有离开,一直过着与世隔绝的生活。

村民们问渔夫现在是什么朝代，结果村民们居然不知道汉朝，更不要说魏晋两朝了。

渔夫在村子里住了几天便启程回家了，村民们送行时叮嘱他，不要把村子的事告诉外边的人！

结果，渔夫离开后，还是把村子的事告诉了太守，太守派人跟着渔夫去寻找，结果众人迷失了方向，再也没有找到那个村子……

这个故事叫《桃花源记》,是东晋诗人陶渊明的一篇散文,也是他的代表作之一。

下面就来聊聊陶渊明。

陶渊明做过彭泽县令,任职期间对官场感到厌倦,他不愿为五斗米折腰,最终辞官归隐。

陶渊明生活在动荡的时代,天灾人祸,民不聊生,他迫切需要一个精神寄托,《桃花源记》中的世外人间就在这种背景下诞生了。

疲惫

陶渊明用充满神秘色彩的文笔描绘了一个童话般的世界,这里没有战争,人们自食其力,安居乐业,表达的是陶渊明对现实的不满,以及对安宁祥和生活的渴望。

《水经注·三峡》：来一次漂流挑战

大家好，我是水豚君，这一期的《太好玩了！荒野生活》我将挑战三峡漂流！

本次漂流路线将以北魏地理学家郦道元的《水经注》作为参考，这是一部地理科普著作，我们的挑战路线节选自书中的《三峡》一篇。

"自三峡七百里中,两岸连山,略无阙(quē)处。"

"至于夏水襄陵,沿溯(sù)阻绝。或王命急宣,有时朝发白帝,暮到江陵,其间千二百里,虽乘奔御风,不以疾也。"

夏天,江水上涨淹没山丘,下行或上行的船只都被阻挡了。如果要传达皇帝的紧急命令,早上从白帝城坐船出发,傍晚就到江陵,两地相隔一千二百里,哪怕骑着马驾着风也不如坐船快!

如果不着急赶路,那你就有眼福了。

"绝巘(yǎn)多生怪柏,悬泉瀑布,飞漱其间,清荣峻茂,良多趣味。"

另外,别在天刚放晴或者下霜后来到这儿,因为这里会非常冷清,你听,渔夫们在唱:"巴东三峡巫峡长,猿鸣三声泪沾裳。"

游历了三峡,下面我们来简单介绍一下郦道元。

郦道元是北魏的地理学家、散文家,他以前人的《水经》一书为大纲写成《水经注》,书中记载了我国一千多条河流和相关的地理知识、神话传说等。

《水经注》不但拥有很高的科研价值,郦道元优美、简练的文笔,也让它在文学界占据了重要地位!

《陈情表》：怎样高情商地拒绝皇帝

遇到不想做的工作要怎么拒绝呢？

李密原本是蜀汉大臣，蜀汉灭亡后，西晋的统治者晋武帝向李密发来了工作邀请。

可是李密委婉拒绝了晋武帝的"邀请"。

大家可以设想一下，拒绝皇帝的后果有多严重呢？

据《晋书·李密传》记载,李密拒绝了晋武帝后,不但没有被问罪,还得到了夸奖,这是为什么呢?

原来李密写了一份感人至深的文书,叫《陈情表》。

李密在《陈情表》的开篇讲述了自己不幸的身世。

"生孩六月,慈父见背;行年四岁,舅夺母志。祖母刘愍臣孤弱,躬亲抚养。"

好不容易将李密抚养到成年，祖母在这时候病倒了。

由于家境贫寒，没有亲戚和仆人相助，李密只能每天在祖母身边侍奉她吃饭、喝药。

就在此时，李密受到晋武帝征召，一番感激后，李密表示自己虽然想立刻上任，可祖母的病越来越严重，真是左右为难！

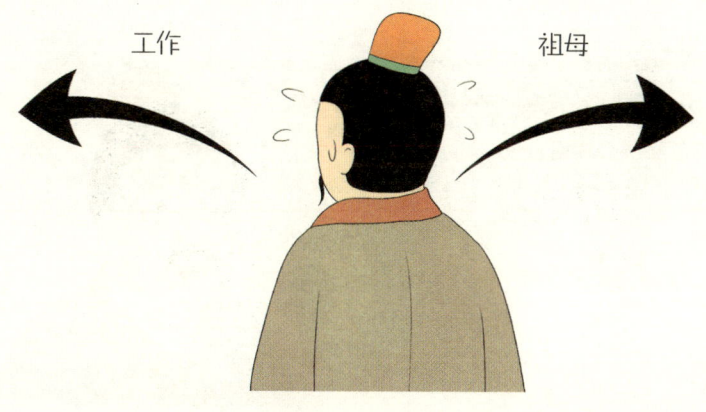

李密开始对晋朝的政策一顿夸:"伏惟圣朝以孝治天下……"

夸完晋朝以孝治国,李密便深情讲述自己的苦衷:

"臣无祖母,无以至今日;祖母无臣,无以终余年。母、孙二人,更相为命,是以区区不能废远。"

最后，李密向晋武帝提出了一个合情合理的请求：

"臣密今年四十有四，祖母今年九十有六，是臣尽节于陛下之日长，报刘之日短也。乌鸟私情，愿乞终养。"

我今年四十四岁，而祖母九十六岁，我为陛下尽忠的日子长着呢，可我为祖母尽孝的日子却不多了。乌鸦都有反哺之情，请陛下准许我为祖母养老送终！

《陈情表》语言质朴，写出了深厚的祖孙之情，字里行间充满感人的亲情。晋武帝看完后暂停了对李密的征召，还赞扬李密"士之有名，不虚然哉"！（《晋书·李密传》）

李密不愧是名士，名气一点都不虚！

专题 2　骈文与古文运动

现在向我们走来的是"骈文",它华丽、优雅、讲究格律,在魏晋南北朝受到无数人追捧!

"书圣"王羲之的《兰亭集序》和郦道元的《水经注》都是优秀的骈文代表,诸葛亮的《出师表》也是骈文散文相结合。受到这么多名家的宠爱,骈文火得不无道理!

所谓"人红是非多","骈文"那么火,自然也受到一些质疑,有人指责它外表浮华,内容空虚。

骈文的优点是工整、凝练,但这也限制了它,比如有时为了工整和押韵,会强行压缩字句,这就好比 40 码的脚非要挤进 30 码的鞋里。

针对骈文的弊病，一些文学家着手改革，比如初唐文学家陈子昂"以风雅革浮侈"（《全唐文》），用风雅的写作手法革除浮华的弊端。

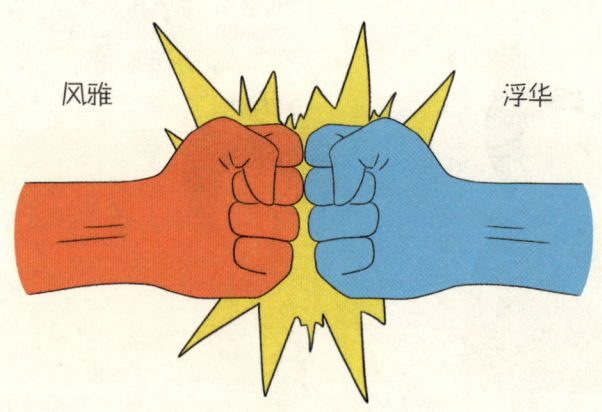

有了先驱们开路，后来在文学家韩愈和柳宗元的倡导下，文坛兴起了一场对散文有深远影响的改革，它就是"古文运动"。

韩愈为古文运动做出了重要贡献，他强调写文章要创新，"必出于己，不袭蹈前人一言一句"（《南阳樊绍述墓志铭》），一字一句都要自己原创，不要抄袭或模仿前人的作品。

文风上，韩愈倡导质朴而自然；内容上，他倡导用文章反映现实，重视文章的实用性。

柳宗元在古文运动中大力支持韩愈，他的不少文学主张与韩愈是一致的。

在韩愈和柳宗元的努力下,唐朝古文运动蓬勃发展,然而骈文并没有因此倒下。

宋朝初年,骈文依然受到文坛追捧。

北宋文坛领袖欧阳修继承并继续发展韩愈、柳宗元倡导的古文运动。

后来王安石、苏轼等文学家也参与到运动中来。

唐宋古文运动中，成就最高、对后世影响最深远的有八个人，他们是唐朝的韩愈、柳宗元，宋朝的欧阳修、苏洵、苏轼、苏辙、王安石和曾巩，世人称他们为"唐宋八大家"。

韩愈　柳宗元　欧阳修

苏洵　苏轼　苏辙

王安石　曾巩

需要注意的是，古文运动没有全盘否定骈文，骈文和其他散文的优点都在古文运动中得到继承和发展。

古文运动最终使唐宋散文走向了繁荣。

13 《马说》：天下无马？招聘伯乐！

韩愈是古文运动的领袖之一，一些人还将他列为"唐宋八大家"之首。

介绍韩愈的散文之前，先了解一下韩愈的生平吧。

韩愈年幼丧父，被哥哥和嫂子抚养长大。

韩愈从小就是学霸，后来他考中进士，进入了官场。

韩愈虽然才华横溢，但官途坎坷，他敢于直言，向皇帝上书直指朝廷中的弊病，因此多次被贬官。

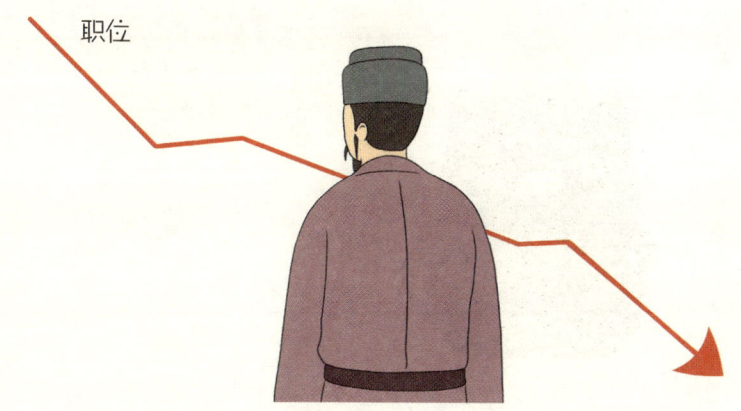

不过，韩愈在唐朝文坛的地位可是相当稳，北宋文学家苏轼盛赞韩愈说"文起八代之衰"（《潮州韩文公庙碑》），大意是古文衰败，直到韩愈出现，让古文又站了起来！

让我帮你站起来。

后人对韩愈的赞美只怕一天一夜都讲不完,我们还是通过韩愈的散文来感受他的才华吧!

韩愈的散文题材广泛,抒情、议论、叙事等他都玩得很溜。

韩愈写了四篇富有哲理的《杂说》,我们来看第四篇《马说》。

"世有伯乐,然后有千里马。千里马常有,而伯乐不常有。"

从千里马的遭遇,韩愈提出了人才面临的困境:千里马常有,但能够发现千里马才华的伯乐却不多。

知识小补充
伯乐,春秋时人,他擅长辨别马的好坏,后人用"伯乐"来称呼懂得鉴别人才的人。

韩愈进一步讲述千里马的遭遇,"食不饱,力不足,才美不外见,且欲与常马等不可得,安求其能千里也?"

最可笑的是一些人不懂养马,却感叹"天下无马",气得韩愈感叹道:"呜呼!其真无马邪?其真不知马也。"

唉!世上真没有千里马吗?是有人不认识千里马才对!

散文至此完结,这是韩愈散文的一个优点——简洁!

《马说》借千里马的遭遇为怀才不遇的人鸣不平,嘲讽了统治者埋没人才的无知。

谁在我头上贴了啥?

文章说理透彻,用有限的文字引起人们无限的共鸣,真是忍不住再送上一句苏轼的赞美之辞:"匹夫而为百世师,一言而为天下法。"(《潮州韩文公庙碑》)

韩公从普通人成为百世师表,他的一字一句都是天下人效仿的对象!

苏轼

《黔之驴》：猛虎怕驴

唐代古文运动的另一位重要人物是柳宗元。

柳宗元不仅在文学主张上和韩愈有相似的地方，人生经历也相近，比如两人都被贬过官。

柳宗元是唐代有名的诗人和散文家，他曾在朝廷中任职，后来参与了政治改革，结果改革失败而遭贬官。

重大打击

柳宗元正走在被贬的路上,结果被朝廷追加惩罚,一贬再贬,贬为永州司马。

多年后,朝廷将柳宗元召回京城,然后又贬为柳州刺史。

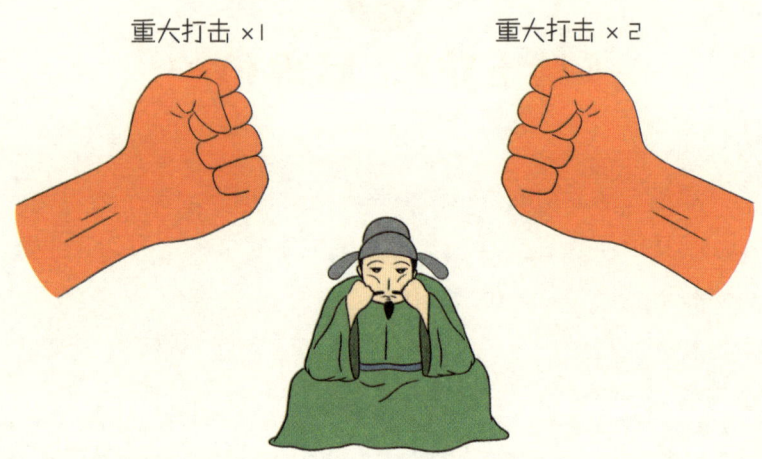

受到贬官的打击后,柳宗元致力于文学创作。

柳宗元的散文题材丰富,有游记、传记、寓言故事等,比起韩愈散文的雄辩,柳宗元更擅长讲故事。

我们熟悉的成语"黔（qián）驴技穷"就来自柳宗元的寓言散文《黔之驴》。

话说黔（唐代地名，包含今贵州、湖南和湖北等的部分地方）本来没有驴，有人用船把驴带了过来。

一只老虎来了，它也是头一次见到驴，非常害怕，只敢躲在树林里偷偷观望。

"他日，驴一鸣，虎大骇，远遁，以为且噬己也，甚恐。"

一天，驴叫了一声，老虎差点吓死，撒开腿就跑，认为驴将要咬自己。

"然往来视之，觉无异能者。"

老虎不服气啊，来来回回地观察驴，觉得这驴好像也没啥特殊的本事嘛。

后来老虎不断挑衅,生气的驴只会用蹄子踹上几脚。

"虎因喜,计之曰:'技止此耳!'"

老虎大喜,盘算着这件事说:"原来就这点本事啊!"

最终,老虎一发威,驴就成了老虎的一顿饭。

柳宗元通过对驴和虎的活动和心理变化的描写,传神地展现了二者的较量,嘲讽了那些外强中干的无能之辈。

《醉翁亭记》：文坛领袖快乐的秘密

现在，我们告别唐朝，进入宋朝。古文运动在宋朝受到了"巨佬"欧阳修的继承和发展。

欧阳修到底有多厉害，连"大佬"这个词都不够用，要用"巨佬"呢？

首先，欧阳修是北宋文坛领袖，他是诗人、词人，也是散文家，还与别人共同编写了《新唐书》等史书！

欧阳修

其次，欧阳修官至参知政事，相当于副宰相，王安石、苏轼等大佬或多或少受过欧阳修的引荐和提携。

散文方面，欧阳修追随着韩愈、柳宗元的脚步，反对骈文的浮华。同时欧阳修也有自己的贡献，他的文章流畅自然，语言平易近人，却又意味深长，促进了宋代散文的发展。

《醉翁亭记》开篇介绍了醉翁亭的位置、来历，它的命名者是一位自称"醉翁"的神秘太守。

太守自称醉翁，心思却又不在酒上，那他到底喜欢啥？

"醉翁之意不在酒，在乎山水之间也。"

在优美的山水中，太守摆起了酒席，吃的是现成的，"临溪而渔""酿泉为酒""山肴（yáo）野蔌（sù）"。

太守的菜单
溪边钓的鱼，泉水酿造的酒，山间的野味、野菜。

黄昏时，太守和客人们尽兴而归。回家的路上，一行人乐不可支，他们在乐些什么呢？

"然而禽鸟知山林之乐，而不知人之乐；人知从太守游而乐，而不知太守之乐其乐也。"

最后，文章揭秘了神秘太守的身份，"太守谓谁？庐陵欧阳修也。"没错，这位太守就是作者欧阳修本人。

欧阳修的人生也不是一帆风顺的,他也经历过贬官,《醉翁亭记》就是他被贬后创作的。

文章中,欧阳修一个字也没提自己的坎坷,反而用轻松,甚至有些调皮的口吻来讲述山水之乐。

与其说欧阳修的快乐是因为寄情山水和与民同乐,倒不如说是因为他豁达、开朗。

16 《伤仲永》：神童也"失灵"

王安石，北宋政治家、文学家，他和欧阳修一样做过参知政事。

王安石两度担任宰相，在政治上提倡变法改革；他也是唐宋八大家之一，对诗文也积极革新。

王安石擅长创作诗词文章，这一节我们聊聊王安石的散文。

王安石的散文有向皇帝表达意见和建议的，有评论历史人物的，还有游记和记事文等。

　　王安石的《伤仲永》是一篇经典的记事散文，讲述了神童方仲永的故事。

　　金溪（今江西省金溪县）有个人叫方仲永，五岁的他从没见过书和笔，却在某一天忽然写出来四句诗！

从此,方仲永仿佛打开了新世界的大门,"自是指物作诗立就,其文理皆有可观者",大意是说你指啥他写啥,写好的诗句文采和内涵都挺不错!

后来有人请方仲永父子吃饭,甚至花钱请方仲永写诗,方仲永的父亲得了好处,便带着方仲永到处拜访人家,不让方仲永去学习。

王安石听说了方仲永的事后,在舅舅家见到了方仲永,请他写诗,结果写得不如以前了。

七年后,王安石向舅舅打听方仲永,舅舅说:"泯然众人矣。"

> 方仲永这人啊,已经跟普通人没什么两样了。

现在的方仲永

对此,王安石感叹道:"仲永之通悟,受之天也。其受之天也,贤于材人远矣。卒之为众人,则其受于人者不至也。"

> 方仲永的才华是老天赏赐的,靠着这天赋,他可以超越很多人。然而他却成了个平庸的人,是因为后天接受的教育不足啊!

《伤仲永》以王安石听到的传闻作开篇,介绍神童方仲永的事迹,再通过王安石两次走访,呈现仲永从天才到普通人的变化。

王安石通过对个人不幸的描写,让读者为仲永伤感的同时,又起到了警示作用,哪怕是天才,不学习也会变庸才!

三天不学习　　　　　　十年不学习

《前赤壁赋》：从诗词歌赋谈到人生哲学

苏轼，号东坡居士，北宋词人、诗人、散文家、画家、书法家……总之是一位全面发展的天才。

有一个地方让这位天才非常向往，那就是赤壁，三国时著名的"赤壁之战"就发生在这里。

苏轼曾经被贬官到黄州,他先后两次游览了黄州附近的赤壁,并创作了《前赤壁赋》和《后赤壁赋》。

有点尴尬的是,赤壁之战的地点历来说法不一,苏轼游览的"赤壁",可能不是赤壁之战的发生地。

赤壁在哪儿先不管,下面来看苏轼的《前赤壁赋》写了啥。文章开篇记录了苏轼出游的时间、地点和人物。

时间:壬戌(rén xū)之秋,七月既望。
（壬戌年秋天,农历七月十六。）

地点:赤壁。

人物:苏子(苏轼自称)与客(友人)。

"清风徐来,水波不兴。举酒属客,诵明月之诗,歌窈窕之章。"

清风徐来,波涛不起。苏轼举起酒杯劝友人共饮,还唱起了《诗经》中的歌谣。

苏轼与友人喝着酒、唱着歌,不料友人忽然悲伤了起来,原来这位朋友想起了三国时雄霸一方的曹操。

曹操
东汉末年政治家、军事家、文学家,三国时曹魏的缔造者。

"方其破荆州，下江陵，顺流而东也，舳舻千里，旌旗蔽空，酾酒临江，横槊赋诗，固一世之雄也，而今安在哉？"

想当年曹操攻破荆州，拿下江陵，然后挥师东下，他的战船绵延千里，旗帜遮天蔽日。曹操对着大江斟酒，手持长矛吟诗，这位曾经的盖世英雄，如今又在哪里呢？

朋友悲伤的是曹操这样的英雄也有消失的一天，更何况他这个普通人，唉，真羡慕永恒的明月啊……

苏轼听完，做起了心理医生，劝导朋友说，永恒都是相对的，别羡慕了。那该羡慕的是什么呢？

"惟江上之清风，与山间之明月，耳得之而为声，目遇之而成色，取之无禁，用之不竭，是造物者之无尽藏也，而吾与子之所共适。"

江上的清风，山间的明月，在耳朵里化作美妙的声音，在眼中化作美景，这种取之不尽的乐趣，这是自然界无穷无尽的宝藏，我和你可以共同享受。

朋友听完苏轼的开导，心情好了很多，两人吃吃喝喝，不知不觉就在船上睡到了天亮。

现在我们又认识了苏轼的新身份"心理医生"，他通过一段说理，告诉友人不要为自然变化而伤感，不要羡慕明月的永恒，而应该珍惜属于自己的那份乐趣。

感谢大自然送来的空气，太开心了！

18

《六国论》：六国灭亡报告

说完苏轼，跟着来说说苏轼的老爸——苏洵。

苏洵，北宋文学家，唐宋八大家之一。

苏洵大器晚成，直到 27 岁才发奋读书，他想考进士却没考上，一怒之下把之前写的文章烧了，然后闭门不出，埋头苦读。

后来苏洵带上儿子苏轼和苏辙来到京城，苏洵的文章得到大文豪欧阳修的赏识和推荐。后来苏洵出了名，他的文章被京城中的士大夫们争相传阅。

苏洵的散文以议论文为主，他受《战国策》等书籍的影响，善于议论古今。

下面来看看"历史评论员"苏洵在《六国论》里议论了啥。

"六国破灭,非兵不利,战不善,弊在赂(lù)秦。"

这里说的是秦灭六国的历史,苏洵认为六国灭亡不是因为仗打得不好,而是用自己的土地去贿赂秦国。

"今日割五城,明日割十城,然后得一夕安寝。起视四境,而秦兵又至矣。"

诸侯今天送五个城给秦国,明天又送十个,换来一个晚上的安宁。第二天起床一看,秦国大军又来啦!

诸侯的土地是有限的，但秦国的欲望是无限的，想用土地去讨好秦国，必然会走向灭亡。

可是六国中的齐国没有贿赂秦国，为什么它也灭亡了呢？

苏洵分析说，因为齐国眼睁睁看着其他五国走向灭亡却不去帮忙，等到五国被灭，孤零零的齐国自然也跟着灭亡了。

苏洵点评六国的历史,其实是为了警醒当下的世人,他在文章结尾写道:"苟以天下之大,下而从六国破亡之故事,是又在六国下矣。"

顺便一说,苏洵的儿子苏辙也写过一篇《六国论》,他认为六国灭亡是因为见识浅薄,不懂天下大势。

知识小·补充
苏洵和儿子苏轼,以及苏轼的弟弟苏辙,三人被称为"三苏",他们均位列唐宋八大家。

19 《送东阳马生序》：文豪苦学记

快问快答，宋朝过后是元朝，元朝过后是哪一朝？

那么，说起明朝的文学家，你会想到谁？

拜托大家回答"宋濂"好吗，因为这一节要介绍宋濂。

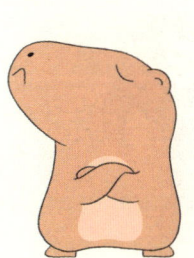

宋濂，元末明初文学家，明朝建立后，他成为明朝大臣，据《明史》记载，他被朝廷列为"开国文臣之首"。

《明史》还说宋濂身材魁梧，胡须长得很漂亮。

宋濂是一位"国际巨星"，他的文章闻名海内外，不但明朝的士大夫争相传阅，外国来的使者也知道宋濂的大名，宋濂的文集还畅销到日本等国。

宋濂年少时经历过一段非常艰苦的岁月，假如你想拥有和他一样的地位，不如来看看你能不能和他吃一样的苦。

宋濂写过一篇《送东阳马生序》给晚辈"马生"，希望用自己艰苦求学的经历，鼓励他勤奋求学。

文章开篇，宋濂说自己小时候家庭条件差，家里没书，想读书只能去借，然后把书抄写一遍再还给人家。

"当余之从师也,负箧(qiè)曳(yè)屣(xǐ)行深山巨谷中。穷冬烈风,大雪深数尺,足肤皲(jūn)裂而不知。"

后来宋濂去拜师求学,他背着书箱,拖着鞋子,走在深山中,雪下了好几尺深,脚上的皮肤冻得开裂了都没察觉。

宋濂赶到客舍时,人都冻僵了,别人拿热水给他浸泡,又给他裹上被子,好不容易才让他暖和过来。

宋濂的同学们平时穿着漂亮的衣服，还戴着珠宝，光鲜得像神仙。宋濂穿着破旧的衣服和他们处在一起，却不羡慕他们，因为他"以中有足乐者，不知口体之奉不若人也"。

让宋濂快乐的事，自然就是学习。

宋濂没有讲大道理，只是用亲身经历鼓励后辈，希望他不攀比、不自卑，以求学为乐。

《湖心亭看雪》：
看的不是雪，是孤独

一个人能有多大的反差？

张岱，明末清初文学家，他出身于官宦家庭，却终身不做官。

张岱年轻时是个富贵公子哥，爱好极其广泛，用他自己的话说就是"好鲜衣，好美食，好骏马，好华灯，好烟火，好梨园，好鼓吹，好古董，好花鸟……"（《自为墓志铭》）

明朝灭亡后,张岱隐居深山,整日披头散发,自称过得像野人。

请勿玩火

隐居期间,张岱醉心于创作,在著书中度过了余生。

张岱从放荡的公子哥,到孤高的隐士,反差有多大呢?看看他的散文《湖心亭看雪》你就知道了。

现在

从前

张岱曾经住在西湖附近,某年"大雪三日,湖中人鸟声俱绝",张岱便提上小火炉,乘船去湖中看雪。

> 大雪下了三天,
> 湖中听不到一点人声和鸟鸣。

"湖上影子,惟长堤一痕、湖心亭一点、与余舟一芥、舟中人两三粒而已。"

湖上的影子,只有一道长堤的痕迹,一点湖心亭的轮廓,和"我"的一叶小舟,舟中的两三粒人影罢了。

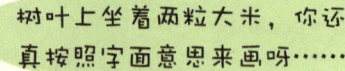

看到这儿,你应该感受到张岱的变化了,成为隐士后,张岱纵情山水,崇尚清静、淡雅的生活。

张岱冒着风雪去西湖赏景,足见他对山水的痴狂。

有意思的是,张岱在湖中遇见了同道中人,众人便一起赏雪、喝酒,船夫都忍不住吐槽他们:"莫说相公痴,更有痴似相公者!"

21 《口技》：一场精彩的口技表演

现在，我们来到清朝，看一场"配音"表演！

这场表演被写成了散文《口技》，作者林嗣环，他是福建晋江人，清朝顺治年间的进士。

好了，话不多说，演出开始！

表演者：京中有善口技者（京城中擅长口技表演的人）。演出道具：一桌、一椅、一扇、一抚尺。

抚尺也叫"醒木"，是用来拍桌子引起观众注意的道具。

口技者坐在屏风后边,抚尺一拍,表演正式开始!

"遥闻深巷中犬吠,便有妇人惊觉欠伸,其夫呓语。"

远远听到巷子里有狗叫,一个妇人被惊醒,打起了哈欠,她的丈夫正在说梦话。

"既而儿醒,大啼。夫亦醒。"

紧接着孩子醒了,大哭大闹。丈夫也醒了。

一会儿，又一个小孩醒了过来，屏风后同时响起妇人拍小孩的声音，丈夫训斥小孩的声音。

"满坐宾客无不伸颈，侧目，微笑，默叹，以为妙绝。"
在座的宾客伸长脖子，偏着头看，一边微笑，一边默默赞叹，都觉得这表演神了！

渐渐地,丈夫和妇人的声音变得微弱了,隐隐传来老鼠打翻东西的声音。

突然,有人大喊"着火啦",丈夫和妻儿吓得大叫。跟着传来千百人的哭喊声,火烧房屋的爆裂声,灭火的泼水声!

"虽人有百手,手有百指,不能指其一端……"

即使人有一百只手,手上有一百根指头,也不能指明其中的任何一种声音。意思是声音太丰富了,跟家庭影院音响似的!

观众听着声音，心想屏风后边该不会真的着火了吧，大家吓得脸色变了，腿也抖个不停，想要逃跑！

忽然，抚尺一响，所有的声音都停了。

"撤屏视之，一人、一桌、一椅、一扇、一抚尺而已。"

撤掉屏风一看，哪有什么火灾，只不过是一个口技者，还有一桌、一椅、一扇、一抚尺。

表演者的口技出神入化，但作者林嗣环的语言功力也不一般，读他的散文有种身临其境的感受，这是因为林嗣环的词汇量很丰富，比如描写声音，他用了大量生动的词汇。

原文	词汇	演示
又一大儿醒，絮絮不止。	絮絮不止：说个没完没了。	
微闻有鼠作作索索……	作作索索：老鼠偷偷摸摸活动的拟声词。	
曳屋许许（hǔ hǔ）声……	许许声：人们拉塌着火房屋的呼喊声。	

总之，林嗣环用文章让我们跨越时空，欣赏了一场精彩绝伦的演出，让我们省了门票钱……说笑啦，是让我们感受到了古代技艺的精妙！

专题3 中国小说超简史

文学是一个大家庭,除了诗词散文等,还有小说。

在原始社会,先民面对各种神奇的自然现象,无法进行科学的认知,只好用神话故事进行解释。

对于一些英雄人物，神话则起到了歌颂的作用，比如"神农尝百草"。

传说，神农尝遍百草，为人们找到了医药和粮食，还教会人们如何耕种。

起初，神话由人们口口相传，文字诞生后，这些神话被记录下来，便诞生了一部部经典著作。

《山海经》主要收录战国初年至西汉初年的神话，书中记载了各种名山大川、奇珍异宝、民族风俗，以及神灵、异兽等。

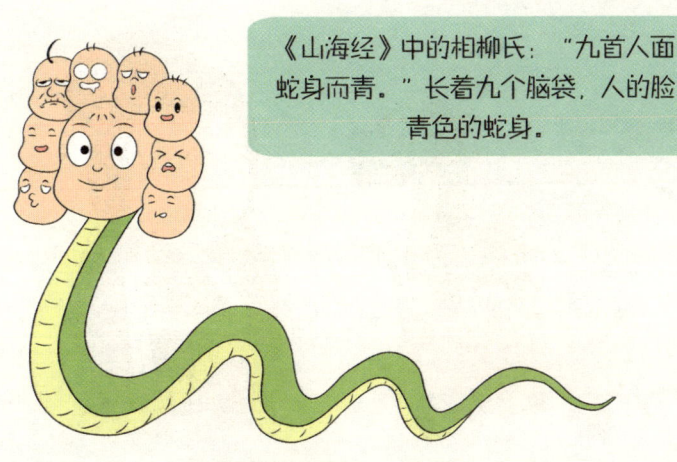

《山海经》中的相柳氏："九首人面，蛇身而青。"长着九个脑袋，人的脸，青色的蛇身。

魏晋南北朝时，神话故事登上"文学热搜榜"，并形成两个热门大类：讲述妖魔鬼怪的志怪小说和讲述奇人异士的志人小说。

《搜神记》是志怪小说的代表作之一，作者是东晋的干宝。此书以神仙精怪的故事为主，并记录了大量民间奇异风俗和传说，比如"御人生龙"，某人生下两条小龙的怪事。

南朝文学家刘义庆编纂的《世说新语》是志人小说代表之一，也有人称它为"轶事小说"。

"轶事"就是没有载入正史的事迹、传闻等。

《世说新语》写了不少名士的言行，展现了他们有血有肉或不为人知的一面，比如王羲之小时候听到人家谈论谋反的事，便假装睡着保住一命。

《世说新语》影响力深远，书中的种种趣事，是后世小说、戏曲等创作的素材宝库！

到了唐朝，志怪小说和史书、人物传记等相结合，产生了一种全新的小说——唐传奇。

唐传奇的题材不再局限于志怪，还写了爱情、游侠等。

诗人元稹的《莺莺传》就是一部爱情唐传奇，讲述了崔莺莺和张生相爱，但最终被他无情抛弃的故事。

慢慢地，人们觉得看小说不够过瘾。到了宋代，出现了大量以讲故事为生的民间艺人，他们用口语声情并茂地讲故事，让小说变得更好玩，也更容易传播了。

艺人说故事需要稿子作参考，这就是"话本"。

正在用"话本"排练的艺人

再后来，口头讲述也不能满足群众的娱乐需求了，还得加入表演、配乐等，元杂剧这种戏曲艺术因此火了。

明清时期,我国的古典小说进入了发展的巅峰阶段!

这一时期,小说的形式走向成熟,诞生了章回小说,也就是把长篇小说分章节讲述。

明清小说不但数量多,质量也高,代表作有我们熟悉的四大名著《西游记》《水浒传》《三国演义》和《红楼梦》。

孙悟空　　　武松　　　　关羽　　　　林黛玉
《西游记》　《水浒传》　《三国演义》　《红楼梦》

除了四大名著，清代作家蒲松龄的《聊斋志异》也大放光彩！

蒲松龄一生中多次参加科举考试，但都以失败告终。他靠教书维持生计，过着清贫的生活。

科举失意让蒲松龄看到了社会的弊端，教书生涯则让他有机会接触形形色色的人，深刻感受民间疾苦。

这些人生经历激励了蒲松龄，让他埋头创作，耗费大半生的心血写成了《聊斋志异》。

《聊斋志异》以花妖狐魅的故事为主，反映的却是人类社会的种种现象。

书中有不少美丽且充满人情味的狐仙，她们敢于对抗世俗观念，与人相恋。相比之下，人类的毛病可不少……

《聊斋志异》之外还有许多优秀的作品，古代文学的魅力是无限的，但本书的篇幅有限，只好和你说再见了。

下一次，水豚君和小嘿会带着更多好玩的知识来见你！

快乐读小古文

论语(节选)

子曰:"学而时习之,不亦说乎?有朋自远方来,不亦乐乎?人不知而不愠,不亦君子乎?"(《学而》)

曾子曰:"吾日三省吾身:为人谋而不忠乎?与朋友交而不信乎?传不习乎?"(《学而》)

子曰:"温故而知新,可以为师矣。"(《为政》)

子曰:"学而不思则罔,思而不学则殆。"(《为政》)

子曰:"由,诲女知之乎!知之为知之,不知为不知,是知也。"(《为政》)

子曰:"见贤思齐焉,见不贤而内自省也。"(《里仁》)

曾子曰:"士不可以不弘毅,任重而道远。仁以为己任,不亦重乎?死而后已,不亦远乎?"(《泰伯》)

子曰:"岁寒,然后知松柏之后凋也。"(《子罕》)

子贡问曰:"有一言而可以终身行之者乎?"子曰:"其'恕'乎!己所不欲,勿施于人。"(《卫灵公》)

庄子与惠子游于濠梁之上
选自《庄子》

庄子与惠子游于濠梁之上。庄子曰:"鯈鱼出游从容,是鱼之乐也。"惠子曰:"子非鱼,安知鱼之乐?"庄子曰:"子非我,安知我不知鱼之乐?"惠子曰:"我非子,固不知子矣;子固非鱼也,子之不知鱼之乐,全矣!"庄子曰:"请循其本。子曰'汝安知鱼乐'云者,既已知吾知之而问我,我知之濠上也。"

惠子相梁
选自《庄子》

惠子相梁,庄子往见之。或谓惠子曰:"庄子来,欲代子相。"于是惠子恐,搜于国中三日三夜。庄子往见之,曰:"南方有鸟,其名为鹓鶵,子知之乎?夫鹓鶵发于南海,而飞于北海,非梧桐不止,非练实不食,非醴泉不饮。于是鸱得腐鼠,鹓鶵过之,仰而视之曰:'吓!'今予欲以子之梁国而吓我邪?"

生于忧患,死于安乐
选自《孟子》

舜发于畎亩之中,傅说举于版筑之间,胶鬲举于鱼盐之中,管夷吾举于士,孙叔敖举于海,百里奚举于市。故天将降大任于是人也,必先苦其心志,劳其筋骨,饿其体肤,空乏其身,行拂乱其所为,所以动心忍性,曾益其所不能。

人恒过,然后能改;困于心,衡于虑,而后作;征于色,发于声,而后喻。入则无法家拂士,出则无敌国外患者,国恒亡。然后知生于忧患而死于安乐也。

劝学
选自《荀子》

君子曰:学不可以已。

青,取之于蓝,而青于蓝;冰,水为之,而寒于水。木直中绳,𬬸以为轮,其曲中规。虽有槁暴,不复挺者,𬬸使之然也。故木受绳则直,金就砺则利,君子博学而日参省乎己,则知明而行无过矣。

吾尝终日而思矣,不如须臾之所学也;吾尝跂而望矣,不如登高之博见也。登高而招,臂非加长也,而见者远;顺风而呼,声非加疾也,而闻者彰。假舆马者,非利足也,而致千里;假舟楫者,非能水也,而绝江河。君子生非异也,善假于物也。

积土成山，风雨兴焉；积水成渊，蛟龙生焉；积善成德，而神明自得，圣心备焉。故不积跬步，无以至千里；不积小流，无以成江海。骐骥一跃，不能十步；驽马十驾，功在不舍。锲而舍之，朽木不折；锲而不舍，金石可镂。蚓无爪牙之利，筋骨之强，上食埃土，下饮黄泉，用心一也。蟹六跪而二螯，非蛇鳝之穴无可寄托者，用心躁也。

曹刿论战
选自《左传》

十年春，齐师伐我。公将战，曹刿请见。其乡人曰："肉食者谋之，又何间焉？"刿曰："肉食者鄙，未能远谋。"乃入见。问："何以战？"公曰："衣食所安，弗敢专也，必以分人。"对曰："小惠未遍，民弗从也。"公曰："牺牲玉帛，弗敢加也，必以信。"对曰："小信未孚，神弗福也。"公曰："小大之狱，虽不能察，必以情。"对曰："忠之属也。可以一战。战则请从。"

公与之乘，战于长勺。公将鼓之。刿曰："未可。"齐人三鼓。刿曰："可矣。"齐师败绩。公将驰之。刿曰："未可。"下视其辙，登轼而望之，曰："可矣。"遂逐齐师。

既克，公问其故。对曰："夫战，勇气也。一鼓作气，再而衰，三而竭。彼竭我盈，故克之。夫大国，难测也，惧有伏焉。吾视其辙乱，望其旗靡，故逐之。"

邹忌讽齐王纳谏

选自《战国策》

邹忌修八尺有余,而形貌昳丽。朝服衣冠,窥镜,谓其妻曰:"我孰与城北徐公美?"其妻曰:"君美甚,徐公何能及君也?"城北徐公,齐国之美丽者也。忌不自信,而复问其妾曰:"吾孰与徐公美?"妾曰:"徐公何能及君也?"旦日,客从外来,与坐谈,问之客曰:"吾与徐公孰美?"客曰:"徐公不若君之美也。"明日徐公来,孰视之,自以为不如;窥镜而自视,又弗如远甚。暮寝而思之,曰:"吾妻之美我者,私我也;妾之美我者,畏我也;客之美我者,欲有求于我也。"

于是入朝见威王,曰"臣诚知不如徐公美。臣之妻私臣,臣之妾畏臣,臣之客欲有求于臣,皆以美于徐公。今齐地方千里,百二十城,宫妇左右莫不私王,朝廷之臣莫不畏王,四境之内莫不有求于王:由此观之,王之蔽甚矣。"

王曰:"善。"乃下令:"群臣吏民能面刺寡人之过者,受上赏;上书谏寡人者,受中赏;能谤讥于市朝,闻寡人之耳者,受下赏。"令初下,群臣进谏,门庭若市;数月之后,时时而间进;期年之后,虽欲言,无可进者。燕、赵、韩、魏闻之,皆朝于齐。此所谓战胜于朝廷。

出师表

[蜀汉] 诸葛亮

先帝创业未半而中道崩殂，今天下三分，益州疲弊，此诚危急存亡之秋也。然侍卫之臣不懈于内，忠志之士忘身于外者，盖追先帝之殊遇，欲报之于陛下也。诚宜开张圣听，以光先帝遗德，恢弘志士之气，不宜妄自菲薄，引喻失义，以塞忠谏之路也。

宫中府中，俱为一体，陟罚臧否，不宜异同。若有作奸犯科及为忠善者，宜付有司论其刑赏，以昭陛下平明之理，不宜偏私，使内外异法也。

侍中、侍郎郭攸之、费祎、董允等，此皆良实，志虑忠纯，是以先帝简拔以遗陛下。愚以为宫中之事，事无大小，悉以咨之，然后施行，必能裨补阙漏，有所广益。

将军向宠，性行淑均，晓畅军事，试用于昔日，先帝称之曰能，是以众议举宠为督。愚以为营中之事，悉以咨之，必能使行阵和睦，优劣得所。

亲贤臣，远小人，此先汉所以兴隆也；亲小人，远贤臣，此后汉所以倾颓也。先帝在时，每与臣论此事，未尝不叹息痛恨于桓、灵也。侍中、尚书、长史、参军，此悉贞良死节之臣，愿陛下亲之信之，则汉室之隆，可计日而待也。

臣本布衣，躬耕于南阳，苟全性命于乱世，不求闻达于诸侯。先帝不以臣卑鄙，猥自枉屈，三顾臣于草庐之中，咨臣以当世之事，由是感激，遂许先帝以驱驰。

后值倾覆,受任于败军之际,奉命于危难之间,尔来二十有一年矣。

先帝知臣谨慎,故临崩寄臣以大事也。受命以来,夙夜忧叹,恐托付不效,以伤先帝之明,故五月渡泸,深入不毛。今南方已定,兵甲已足,当奖率三军,北定中原,庶竭驽钝,攘除奸凶,兴复汉室,还于旧都。此臣所以报先帝而忠陛下之职分也。至于斟酌损益,进尽忠言,则攸之、祎、允之任也。

愿陛下托臣以讨贼兴复之效;不效,则治臣之罪,以告先帝之灵。若无兴德之言,则责攸之、祎、允等之慢,以彰其咎。陛下亦宜自谋,以咨诹善道,察纳雅言,深追先帝遗诏。臣不胜受恩感激。今当远离,临表涕零,不知所言。

兰亭集序
[东晋] 王羲之

永和九年,岁在癸丑,暮春之初,会于会稽山阴之兰亭,修禊事也。群贤毕至,少长咸集。此地有崇山峻岭,茂林修竹,又有清流激湍,映带左右,引以为流觞曲水,列坐其次。虽无丝竹管弦之盛,一觞一咏,亦足以畅叙幽情。

是日也,天朗气清,惠风和畅。仰观宇宙之大,俯察品类之盛,所以游目骋怀,足以极视听之娱,信可乐也。

夫人之相与，俯仰一世。或取诸怀抱，悟言一室之内；或因寄所托，放浪形骸之外。虽趣舍万殊，静躁不同，当其欣于所遇，暂得于己，快然自足，不知老之将至；及其所之既倦，情随事迁，感慨系之矣。向之所欣，俯仰之间，已为陈迹，犹不能不以之兴怀，况修短随化，终期于尽！古人云："死生亦大矣。"岂不痛哉！

每览昔人兴感之由，若合一契，未尝不临文嗟悼，不能喻之于怀。固知一死生为虚诞，齐彭殇为妄作。后之视今，亦犹今之视昔，悲夫！故列叙时人，录其所述，虽世殊事异，所以兴怀，其致一也。后之览者，亦将有感于斯文。

桃花源记

[东晋] 陶渊明

晋太元中，武陵人捕鱼为业。缘溪行，忘路之远近。忽逢桃花林，夹岸数百步，中无杂树，芳草鲜美，落英缤纷。渔人甚异之，复前行，欲穷其林。

林尽水源，便得一山，山有小口，仿佛若有光。便舍船，从口入。初极狭，才通人。复行数十步，豁然开朗。土地平旷，屋舍俨然，有良田、美池、桑竹之属。阡陌交通，鸡犬相闻。其中往来种作，男女衣着，悉如外人。黄发垂髫，并怡然自乐。

见渔人，乃大惊，问所从来。具答之。便要还家，设酒杀鸡作食。村中闻有此人，咸来问讯。自云先世避

秦时乱,率妻子邑人来此绝境,不复出焉,遂与外人间隔。问今是何世,乃不知有汉,无论魏晋。此人一一为具言所闻,皆叹惋。余人各复延至其家,皆出酒食。停数日,辞去。此中人语云:"不足为外人道也。"

既出,得其船,便扶向路,处处志之。及郡下,诣太守,说如此。太守即遣人随其往,寻向所志,遂迷,不复得路。

南阳刘子骥,高尚士也,闻之,欣然规往。未果,寻病终。后遂无问津者。

水经注·三峡
[北魏] 郦道元

自三峡七百里中,两岸连山,略无阙处。重岩叠嶂,隐天蔽日,自非亭午夜分,不见曦月。

至于夏水襄陵,沿溯阻绝。或王命急宣,有时朝发白帝,暮到江陵,其间千二百里,虽乘奔御风,不以疾也。

春冬之时,则素湍绿潭,回清倒影,绝巘多生怪柏,悬泉瀑布,飞漱其间,清荣峻茂,良多趣味。

每至晴初霜旦,林寒涧肃,常有高猿长啸,属引凄异,空谷传响,哀转久绝。故渔者歌曰:"巴东三峡巫峡长,猿鸣三声泪沾裳。"

陈情表

〔西晋〕李密

臣密言：臣以险衅，夙遭闵凶。生孩六月，慈父见背；行年四岁，舅夺母志。祖母刘愍臣孤弱，躬亲抚养。臣少多疾病，九岁不行，零丁孤苦，至于成立。既无伯叔，终鲜兄弟，门衰祚薄，晚有儿息。外无期功强近之亲，内无应门五尺之僮，茕茕孑立，形影相吊。而刘夙婴疾病，常在床蓐，臣侍汤药，未曾废离。

逮奉圣朝，沐浴清化。前太守臣逵察臣孝廉，后刺史臣荣举臣秀才。臣以供养无主，辞不赴命。诏书特下，拜臣郎中，寻蒙国恩，除臣洗马。猥以微贱，当侍东宫，非臣陨首所能上报。臣具以表闻，辞不就职。诏书切峻，责臣逋慢；郡县逼迫，催臣上道；州司临门，急于星火。臣欲奉诏奔驰，则刘病日笃；欲苟顺私情，则告诉不许：臣之进退，实为狼狈。

伏惟圣朝以孝治天下，凡在故老，犹蒙矜育，况臣孤苦，特为尤甚。且臣少仕伪朝，历职郎署，本图宦达，不矜名节。今臣亡国贱俘，至微至陋，过蒙拔擢，宠命优渥，岂敢盘桓，有所希冀。但以刘日薄西山，气息奄奄，人命危浅，朝不虑夕。臣无祖母，无以至今日；祖母无臣，无以终余年。母、孙二人，更相为命，是以区区不能废远。

臣密今年四十有四，祖母今年九十有六，是臣尽节于陛下之日长，报刘之日短也。乌鸟私情，愿乞终养。

臣之辛苦，非独蜀之人士及二州牧伯所见明知，皇天后土，实所共鉴。愿陛下矜愍愚诚，听臣微志，庶刘侥幸，保卒余年。臣生当陨首，死当结草。臣不胜犬马怖惧之情，谨拜表以闻。

马说

[唐] 韩愈

世有伯乐，然后有千里马。千里马常有，而伯乐不常有。故虽有名马，祇辱于奴隶人之手，骈死于槽枥之间，不以千里称也。

马之千里者，一食或尽粟一石。食马者不知其能千里而食也。是马也，虽有千里之能，食不饱，力不足，才美不外见，且欲与常马等不可得，安求其能千里也？

策之不以其道，食之不能尽其材，鸣之而不能通其意，执策而临之，曰："天下无马！"呜呼！其真无马邪？其真不知马也。

黔之驴

[唐] 柳宗元

黔无驴，有好事者船载以入。至则无可用，放之山下。虎见之，庞然大物也，以为神。蔽林间窥之，稍出近之，慭慭然，莫相知。

他日，驴一鸣，虎大骇，远遁，以为且噬已也，甚

恐。然往来视之,觉无异能者。益习其声,又近出前后,终不敢搏。稍近益狎,荡倚冲冒,驴不胜怒,蹄之。虎因喜,计之曰:"技止此耳!"因跳踉大㘎,断其喉,尽其肉,乃去。

醉翁亭记

[宋] 欧阳修

环滁皆山也。其西南诸峰,林壑尤美,望之蔚然而深秀者,琅琊也。山行六七里,渐闻水声潺潺,而泻出于两峰之间者,酿泉也。峰回路转,有亭翼然临于泉上者,醉翁亭也。作亭者谁?山之僧智仙也。名之者谁?太守自谓也。太守与客来饮于此,饮少辄醉,而年又最高,故自号曰醉翁也。醉翁之意不在酒,在乎山水之间也。山水之乐,得之心而寓之酒也。

若夫日出而林霏开,云归而岩穴暝,晦明变化者,山间之朝暮也。野芳发而幽香,佳木秀而繁阴,风霜高洁,水落而石出者,山间之四时也。朝而往,暮而归,四时之景不同,而乐亦无穷也。

至于负者歌于途,行者休于树,前者呼,后者应,伛偻提携,往来而不绝者,滁人游也。临溪而渔,溪深而鱼肥,酿泉为酒,泉香而酒洌;山肴野蔌,杂然而前陈者,太守宴也。宴酣之乐,非丝非竹,射者中,弈者胜,觥筹交错,起坐而喧哗者,众宾欢也。苍颜白发,颓然乎其间者,太守醉也。

已而夕阳在山,人影散乱,太守归而宾客从也。树

林阴翳，鸣声上下，游人去而禽鸟乐也。然而禽鸟知山林之乐，而不知人之乐；人知从太守游而乐，而不知太守之乐其乐也。醉能同其乐，醒能述以文者，太守也。太守谓谁？庐陵欧阳修也。

伤仲永

[宋] 王安石

金溪民方仲永，世隶耕。仲永生五年，未尝识书具，忽啼求之。父异焉，借旁近与之，即书诗四句，并自为其名。其诗以养父母、收族为意，传一乡秀才观之。自是指物作诗立就，其文理皆有可观者。邑人奇之，稍稍宾客其父，或以钱币乞之。父利其然也，日扳仲永环谒于邑人，不使学。

余闻之也久。明道中，从先人还家，于舅家见之，十二三矣。令作诗，不能称前时之闻。又七年，还自扬州，复到舅家问焉。曰："泯然众人矣。"

王子曰：仲永之通悟，受之天也。其受之天也，贤于材人远矣。卒之为众人，则其受于人者不至也。彼其受之天也，如此其贤也，不受之人，且为众人；今夫不受之天，固众人，又不受之人，得为众人而已耶？

前赤壁赋

〔宋〕苏轼

壬戌之秋，七月既望，苏子与客泛舟游于赤壁之下。清风徐来，水波不兴。举酒属客，诵明月之诗，歌窈窕之章。少焉，月出于东山之上，徘徊于斗牛之间。白露横江，水光接天。纵一苇之所如，凌万顷之茫然。浩浩乎如冯虚御风，而不知其所止；飘飘乎如遗世独立，羽化而登仙。

于是饮酒乐甚，扣舷而歌之。歌曰："桂棹兮兰桨，击空明兮溯流光。渺渺兮予怀，望美人兮天一方。"客有吹洞箫者，倚歌而和之。其声呜呜然，如怨如慕，如泣如诉，余音袅袅，不绝如缕。舞幽壑之潜蛟，泣孤舟之嫠妇。

苏子愀然，正襟危坐而问客曰："何为其然也？"客曰："'月明星稀，乌鹊南飞'，此非曹孟德之诗乎？西望夏口，东望武昌，山川相缪，郁乎苍苍，此非孟德之困于周郎者乎？方其破荆州，下江陵，顺流而东也，舳舻千里，旌旗蔽空，酾酒临江，横槊赋诗，固一世之雄也，而今安在哉？况吾与子渔樵于江渚之上，侣鱼虾而友麋鹿，驾一叶之扁舟，举匏樽以相属。寄蜉蝣于天地，渺沧海之一粟。哀吾生之须臾，羡长江之无穷。挟飞仙以遨游，抱明月而长终。知不可乎骤得，托遗响于悲风。"

苏子曰："客亦知夫水与月乎？逝者如斯，而未尝往也；盈虚者如彼，而卒莫消长也。盖将自其变者而观之,则天地曾不能以一瞬;自其不变者而观之,则物与我皆无尽也,而又何羡乎!且夫天地之间,物各有主,苟非吾之所有,虽一毫而莫取。惟江上之清风,与山间之明月,耳得之而为声,目遇之而成色,取之无禁,用之不竭,是造物者之无尽藏也,而吾与子之所共适。"

客喜而笑,洗盏更酌。肴核既尽,杯盘狼籍。相与枕藉乎舟中,不知东方之既白。

六国论
[宋]苏洵

六国破灭,非兵不利,战不善,弊在赂秦。赂秦而力亏,破灭之道也。或曰:六国互丧,率赂秦耶?曰:不赂者以赂者丧。盖失强援,不能独完。故曰:弊在赂秦也。

秦以攻取之外,小则获邑,大则得城。较秦之所得,与战胜而得者,其实百倍;诸侯之所亡,与战败而亡者,其实亦百倍。则秦之所大欲,诸侯之所大患,固不在战矣。思厥先祖父,暴霜露,斩荆棘,以有尺寸之地。子孙视之不甚惜,举以予人,如弃草芥。今日割五城,明日割十城,然后得一夕安寝。起视四境,而秦兵又至矣。然则诸侯之地有限,暴秦之欲无厌,奉之弥繁,侵之愈急。故不战而强弱胜负已判矣。至于颠覆,理固宜然。古人云:"以地事秦,犹抱薪救火,薪不尽,火不灭。"此言得之。

齐人未尝赂秦，终继五国迁灭，何哉？与嬴而不助五国也。五国既丧，齐亦不免矣。燕赵之君，始有远略，能守其土，义不赂秦。是故燕虽小国而后亡，斯用兵之效也。至丹以荆卿为计，始速祸焉。赵尝五战于秦，二败而三胜。后秦击赵者再，李牧连却之。洎牧以谗诛，邯郸为郡，惜其用武而不终也。且燕赵处秦革灭殆尽之际，可谓智力孤危，战败而亡，诚不得已。向使三国各爱其地，齐人勿附于秦，刺客不行，良将犹在，则胜负之数，存亡之理，当与秦相较，或未易量。

呜呼！以赂秦之地封天下之谋臣，以事秦之心礼天下之奇才，并力西向，则吾恐秦人食之不得下咽也。悲夫！有如此之势，而为秦人积威之所劫，日削月割，以趋于亡。为国者无使为积威之所劫哉！

夫六国与秦皆诸侯，其势弱于秦，而犹有可以不赂而胜之之势。苟以天下之大，下而从六国破亡之故事，是又在六国下矣。

送东阳马生序（节选）

［明］宋濂

余幼时即嗜学。家贫，无从致书以观，每假借于藏书之家，手自笔录，计日以还。天大寒，砚冰坚，手指不可屈伸，弗之怠。录毕，走送之，不敢稍逾约。以是人多以书假余，余因得遍观群书。既加冠，益慕圣贤之道。又患无硕师名人与游，尝趋百里外，从乡之先达执经叩问。先达德隆望尊，门人弟子填其室，未尝稍降辞色。余立侍左右，援疑质理，俯身倾耳以请；或遇其叱咄，色愈恭，礼愈至，不敢出一言以复；俟其欣悦，则又请焉。故余虽愚，卒获有所闻。

当余之从师也，负箧曳屣行深山巨谷中。穷冬烈风，大雪深数尺，足肤皲裂而不知。至舍，四支僵劲不能动，媵人持汤沃灌，以衾拥覆，久而乃和。寓逆旅，主人日再食，无鲜肥滋味之享。同舍生皆被绮绣，戴朱缨宝饰之帽，腰白玉之环，左佩刀，右备容臭，烨然若神人；余则缊袍敝衣处其间，略无慕艳意，以中有足乐者，不知口体之奉不若人也。盖余之勤且艰若此。

湖心亭看雪

［明末清初］张岱

崇祯五年十二月，余住西湖。大雪三日，湖中人鸟声俱绝。是日更定矣，余拏一小船，拥毳衣炉火，独往湖心亭看雪。雾凇沆砀，天与云与山与水，上下一白，湖上影子，惟长堤一痕、湖心亭一点、与余舟一芥、舟中人两三粒而已。

到亭上，有两人铺毡对坐，一童子烧酒炉正沸。见余大喜曰："湖中焉得更有此人！"拉余同饮。余强饮三大白而别。问其姓氏，是金陵人，客此。及下船，舟子喃喃曰："莫说相公痴，更有痴似相公者！"

口技

[清] 林嗣环

京中有善口技者。会宾客大宴，于厅事之东北角，施八尺屏障，口技人坐屏障中，一桌、一椅、一扇、一抚尺而已。众宾团坐。少顷，但闻屏障中抚尺一下，满坐寂然，无敢哗者。

遥闻深巷中犬吠，便有妇人惊觉欠伸，其夫呓语。既而儿醒，大啼。夫亦醒。妇抚儿乳，儿含乳啼，妇拍而呜之。又一大儿醒，絮絮不止。当是时，妇手拍儿声，口中呜声，儿含乳啼声，大儿初醒声，夫叱大儿声，一时齐发，众妙毕备。满坐宾客无不伸颈，侧目，微笑，默叹，以为妙绝。

未几，夫齁声起，妇拍儿亦渐拍渐止。微闻有鼠作作索索，盆器倾侧，妇梦中咳嗽。宾客意少舒，稍稍正坐。

忽一人大呼"火起"，夫起大呼，妇亦起大呼。两儿齐哭。俄而百千人大呼，百千儿哭，百千犬吠。中间力拉崩倒之声，火爆声，呼呼风声，百千齐作；又夹百千求救声，曳屋许许声，抢夺声，泼水声。凡所应有，无所不有。虽人有百手，手有百指，不能指其一端；人有百口，口有百舌，不能名其一处也。于是宾客无不变色离席，奋袖出臂，两股战战，几欲先走。

忽然抚尺一下，群响毕绝。撤屏视之，一人、一桌、一椅、一扇、一抚尺而已。